DES PLANTES ÉTRANGES

EFFRAYANTES MAIS INTÉRESSANTES

Julie K. Lundgren

Un livre de la collection
Les jeunes plantes de Crabtree

Table des matières

Juste une plante?

De nombreuses plantes peuvent fabriquer leur propre nourriture grâce à la **photosynthèse**. Elles utilisent l'énergie du soleil pour faire des racines, des tiges, des fleurs, des feuilles et des graines afin de pouvoir vivre et grandir.

L'inflorescence noire de la fleur chauve-souris surmonte ses feuilles vertes.

Dans ce livre, nous découvririons un monde secret de plantes étranges qui ont des caractéristiques effrayantes.

fleur chauve-souris

belladone

Les plantes peuvent avoir d'étranges **adaptations** pour les aider à survivre. Certaines peuvent même tuer!

Les enfants peuvent mourir après avoir mangé seulement quelques baies de la belladone.

Alimentation

Les plantes **carnivores** attrapent des insectes et de petits animaux pour leurs **nutriments**. Une fois la proie à l'intérieur de leur piège, elles la décomposent pour en faire une bouillie riche.

utriculaire

EFFRAYANT OU INTÉRESSANT?

Les utriculaires attrapent et digèrent de minuscules animaux aquatiques.

Les plantes carnivores attirent leurs proies avec leur nectar, leurs couleurs vives et leur odeur.

dionée attrape-mouche

Drosera burmannii, la drosère tropicale, peut piéger un insecte en quelques secondes!

Les **parasites** nuisibles volent les nutriments des plantes **hôtes**. Les plantes parasites ne peuvent pas faire la photosynthèse.

La Rafflésie d'Arnold, une plante parasite, dégage une odeur forte et désagréable qui ressemble à la chair en putréfaction.

D’autres plantes tirent parti des ressources des **champignons** souterrains, prenant les nutriments que les champignons obtiennent d’autres plantes.

Le Monotrope uniflore, blanc et cireux, croît à l'ombre et tire sa nourriture des champignons dans le sol.

Défense

Les plantes se défendent contre les animaux affamés. Aiguilles, épines, **toxines** et écorce épaisse repoussent plusieurs mangeurs de plantes.

Les animaux évitent d'avoir la bouche pleine d'épines de cactus cerveau.

Effrayant ou intéressant?

Essaie de faire pousser un cactus cerveau dans un pot en forme de crâne!

Les toxines peuvent donner aux fruits, aux feuilles et aux racines un goût amer ou causer une maladie ou la mort.

EFFRAYANT OU INTÉRESSANT?

Fais attention à toute plante nommée *vénéneuse*, qui signifie empoisonnée.

Peux-tu voir pourquoi l'actée à gros pédicelles est aussi appelée « plante aux yeux de poupée »?

Multiplication

Les plantes font d'autres plantes de différentes façons. Certaines ont besoin d'insectes pour **polliniser** leurs fleurs. Les insectes les trouvent par leur couleur ou leur odeur.

L'orchidée Dracula a une mauvaise odeur comme les champignons pour attirer les insectes pollinisateurs.

D'autres plantes ont des **cosses** ou des fruits qui explosent. Les graines qui atterrissent loin de la plante mère peuvent avoir plus de lumière et de nutriments.

Le concombre d'âne projette les graines et le jus vénéneux contenus dans sa cosse mûre.

Effrayant ou intéressant?

Les cosses du muflier ressemblent à des crânes quand elles sont sèches.

Les plantes dans ce livre sont-elles effrayantes ou intéressantes? Quelle que soit ta réponse, leurs adaptations étranges les aident à survivre

Glossaire

adaptations (a-dap-ta-ssion) : Pour les organismes vivants, des façons de changer au fil du temps pour les aider à utiliser les ressources disponibles pour survivre

carnivores (kar-ni-vor) : Capable d'attraper et d'utiliser les insectes ou d'autres animaux pour se nourrir

champignons (chan-pi-gnon) : Des organismes vivants, comme la moisissure, qui causent la pourriture et la putréfaction

cosses (koss) : Une coque protectrice pour les graines d'une plante

hôtes (aute) : La source de nourriture et de nutriments pour un parasite

nutriments (nu-tri-man) : Des éléments nécessaires pour une croissance saine, comme des vitamines et des minéraux

parasites (pa-ra-zit) : Des organismes vivants qui prennent les nutriments d'autres organismes vivants de façon nuisible

photosynthèse (fo-to-ssin-tèze) : Le processus par lequel les plantes vertes transforment l'énergie du soleil en nourriture

polliniser (po-li-ni-zé) : Transporter le pollen d'une plante à une autre afin de former des graines

toxines (tok-ssine) : Des poisons qui peuvent rendre malade ou tuer

INDEX

L'alectoire sarmenteuse, aussi appelée cuscute, recouvre et tue son hôte.

Soutien de l'école à la maison pour les parents, les gardiens et les enseignants

Ce livre aide les enfants à se développer grâce à la pratique de la lecture. Voici quelques exemples de questions pour aider le lecteur ou la lectrice à développer ses capacités de compréhension. Les suggestions de réponses sont indiquées en rouge.

Avant la lecture

- **De quoi ce livre parle-t-il?** *Je pense que ce livre parle de plantes bizarres et effrayantes. Je pense que ce livre parle de plantes qui mangent des insectes.*
- **Qu'est-ce que je veux apprendre sur ce sujet?** *Je veux savoir s'il est vrai que certaines plantes mangent des insectes. Je veux savoir s'il est difficile de faire pousser ce type de plantes.*

Pendant la lecture

- **Je me demande pourquoi...** *Je me demande pourquoi certaines plantes émettent des odeurs dégoûtantes. Je me demande pourquoi certaines plantes sont vénéneuses.*
- **Qu'est-ce que j'ai appris jusqu'à présent?** *J'ai appris que les plantes carnivores attrapent des insectes et de petits animaux pour leurs nutriments. J'ai appris que les plantes se défendent contre les animaux affamés avec leurs aiguilles, leurs épines, leurs toxines et leur écorce épaisse.*

Après la lecture

- **Nomme quelques détails que tu as retenus.** *J'ai appris qu'il y a des plantes, comme l'alectoire sarmenteuse, qui étranglent, recouvrent et tuent leur hôte. J'ai appris que les cosses de certaines plantes explosent et projettent leurs graines très loin de la plante mère.*
- **Lis le livre à nouveau et cherche les mots du glossaire.** *Je vois le mot* ***nutriments*** *à la page 8 et le mot* ***parasites*** *à la page 11. Les autres mots du glossaire se trouvent à la page 23.*

Crabtree Publishing Company
www.crabtreebooks.com 1-800-387-7650

Version imprimée du livre produite conjointement avec Blue Door Education en 2021.

Références photographiques : Photo de la couverture © Leela Mei/Shutterstock.com, (page de titre) © jim1123/istockphoto.com, p. 2-3 © PrinceOfLove/Shutterstock.com, (graphique du bord déchiqueté des photos) © Dmitry Natashin/Shutterstock.com, p. 4 © Andreas Ruhz/Shutterstock.com, p. 5 © electra/Shutterstock.com, p. 6 © Martin Fowler/Shutterstock.com, p. 7 © COULANGES/Shutterstock.com, p. 8 © Ricardo De Paula Ferreira | Dreamstime.com, p. 9 (grosse dionée attrape-mouche) © Cathy Keifer | Dreamstime.com, (petite dionée attrape-mouche) © Verastuchelova | Dreamstime.com, p. 10 © Nakornthai/Shutterstock.com, p. 11 © Near SM | Dreamstime.com, p. 12 © CLAYTON ANDERSEN/Shutterstock.com, p. 13 © sebastien lemyre/istockphoto.com, p. 14 et 15 © Wichat Matsilp | Dreamstime.com, p. 15 (cactus) © 1860674995/Shutterstock.com, (cerveau) © eranicle/istockphoto.com, p. 16 et 17 © Angelacottingham | Dreamstime.com, p. 18 et 19 (orchidée) © Michel VIARD/istockphoto.com, p. 19 (abeille) © khlungcenter/Shutterstock.com, p. 20 © skymoon13/istockphoto.com, p. 21 © Smyk_/istockphoto.com, p. 23 © Emilio100 | Dreamstime.com

Imprimé au Canada/082021/CPC

Auteur : Julie K. Lundgren
Coordinatrice à l'impression : Katherine Berti
Traduction : Annie Evearts

Publié au Canada par Crabtree Publishing
616 Welland Ave.
St. Catharines, ON
L2M 5V6

Publié aux États-Unis par Crabtree Publishing
347 Fifth Ave
Suite 1402-145
New York, NY 10016

Catalogage avant publication de Bibliothèque et Archives Canada

Titre: Des plantes étranges / Julie K. Lundgren ; texte français d'Annie Evearts.
Autres titres: Scary plants. Français.
Noms: Lundgren, Julie K., auteur.
Description: Mention de collection: Effrayantes mais intéressantes | Les jeunes plantes de Crabtree | Traduction de : Scary plants. | Comprend un index.
Identifiants: Canadiana (livre imprimé) 20210286679 | Canadiana (livre numérique) 20210286717 | ISBN 9781039608399 (couverture souple) | ISBN 9781039608511 (HTML) | ISBN 9781039608634 (EPUB)
Vedettes-matière: RVM: Plantes—Ouvrages pour la jeunesse. | RVMGF: Documents pour la jeunesse.
Classification: LCC QK49 .L8614 2022 | CDD j580—dc23